AF562400

LES

PROVENÇAUX
EN PALESTINE

(Xᵉ PÈLERINAGE DE PÉNITENCE)

PAR M.-A. BONGARÇON

Missionnaire de Notre-Dame du Suc.

DEUXIÈME ÉDITION

Prix : **50** *centimes*

Au profit des Œuvres catholiques de Terre Sainte

ÉMILE COLIN
IMPRIMERIE DE LAGNY

1892

0²
152

ATHÉNÉE DE FORCALQUIER

SÉANCE DU 8 NOVEMBRE 1891

LES

PROVENÇAUX

EN PALESTINE

(Xe PÈLERINAGE DE PÉNITENCE)

PAR M.-A. BONGARÇON

Missionnaire de Notre-Dame du Suc.

DEUXIÈME ÉDITION

ÉMILE COLIN

IMPRIMERIE DE LAGNY

1892

LES PROUVENÇAU

EN PARESTINO

Brave Moussu,

Despièi lou jou qu'ai leissa lou bastimen que m'avié carreja en Parestino, ai plu passa vinto-quatre ouro sènso ravassia la Terro Santo.

Sèmblo pa verai coumo lou couor s'envisco en tout ço que toco ! — Li a tres an, èrou de retour de Roumo. Emé les pelerin de Marseiho, veguérou lei fèsto espetaclouo dei nouoço d'or dou Papo.

De retour en Franço, pantaiérou long-tèms lou Vatican, Sant Peire, les Catacoumbo. Quand prechàvou, mei sarmoun èron clafi d'aquélei souveni ; poudiéu pa durbi lei bouco sènso parla dou Tibre, vou bèn dou Coulisèu, vou bèn de la Presoun mamertino.

Aquest an, les pantai an recoumença. De retour de Jerusalèn, moun eimaginacien barrulo mai, pàrlou de moun grand viàgi en toutes aqueles que rescouòntrou, n'en pàrlou dins l'oustau, en cadiero, partout.

Encuei es à vouei, bouon Moussu de Barlu, que

LES PROVENÇAUX
EN PALESTINE

Cher Monsieur,

Depuis que j'ai quitté le bateau qui m'avait transporté en Palestine, je n'ai plus passé vingt-quatre heures sans rêver de la Terre Sainte.

On ne saurait croire combien le cœur s'attache à ce qui l'impressionne ! — Il y a trois ans, je revenais de Rome. Uni aux pèlerins de Marseille, j'avais vu les fêtes grandioses des Noces d'or du Pape.

Rentré en France, je rêvai longtemps du Vatican, de Saint-Pierre, des Catacombes. Quand je prêchais, mes sermons étaient pleins de ces souvenirs ; je ne pouvais ouvrir la bouche sans parler du Tibre, ou du Colisée, ou de la prison Mamertine.

Cette année les rêves ont recommencé. J'arrive de Jérusalem, et mon imagination, de nouveau, vagabonde ; je parle de mon grand voyage à tous ceux que je rencontre. J'en parle dans ma maison, en chaire, partout.

Aujourd'hui, c'est à vous, bon Monsieur de Berluc,

vènou pouorge moun pichot comte-rendu dou bèu pelerinàgi.

Pamens, davans de vous pinta mei souveni, vouei n'en prégou : Se se capito que moun istòri vous agrade pa coumo moun librihoun de Roumo, sènso coumpassien, zou, metè-la de coustat ; n'en diguei rèn es coulègo de l'Atenèu.....

Mai, se dins aquesto garbeto
Li descurbès uno espigueto
Qu'à mes ami li fasse gau,
Alor, legissèi moun journau.

Lou plan moudèste que me prepàusou de sègre en vous escrivènt, me douno l'espèr que jitarés pa mes pajeto ou panié. Oh ! nàni, siéu pa tant sot de vouei mena en Parestino emé la pretencien de vous esplica la toupougralìo des païs qu'aven trevessa. Se vourès un savènt, vengués pa me çarca . Mai, se vouei sufis de saupre lou role qu'an juga les Prouvençau dins lou Pelerinàgi, alor touquès aqui, siéu dei vouostre ; se fèi vira d'aquelo carto, ai par vouei sarvi.

Eron, pecaire, pa noumbrouei les pelerin prouvençau embarca su lou *Poitou*, lou dèi d'abriéu 1891. Su trei-cènt-seissanto-nòu passagié, n'i avié un bèu mouroun que couneissien pa lou parla tant requist dou *Cagnard ;* mancavo pa de damo, de moussu que coumprenien pa rèn à nouosto bello lengo. Alor, me dirés, que role pouhien juga les Prouvençau ou mitan d'aqueles estrangié ? Uno dindouleto fai pa lou printèms, un grihet fai pa l'estiéu.

E bè, Moussu, pardounè-me, siai dins l'errour. Un grihet, aquest an, a fa l'estiéu, a fa canta tóutei lei roussignòu, tóutei lei bouscarlo que s'èron, ou mes

que je viens présenter le petit compte-rendu de mon beau pélerinage.

Toutefois, avant de vous décrire mes impressions, je vous en prie : si ma narration ne vous intéresse pas autant que mon opuscule sur Rome, sans pitié, immédiatement, mettez-la de côté ; n'en soufflez mot à mes collègues de l'Athénée ; mais si, dans ma modeste gerbe, vous découvrez ne serait-ce qu'un petit épi capable de plaire à mes amis, alors, lisez mon journal.

Le plan modeste que je me propose de suivre en vous écrivant, me fait espérer que vous ne jetterez pas ma lettre au panier; car je ne serai pas assez sot pour vous conduire en Palestine, avec la prétention de vous décrire la topographie des pays que nous avons traversés. Si vous désirez un savant, cherchez ailleurs ; mais s'il vous suffit de connaître le rôle joué par les Provençaux dans le Pélerinage, touchez là, je suis votre homme; si vous faites tourner cette carte, j'ai de quoi vous servir.

Hélas ! ils n'étaient pas nombreux les pèlerins provençaux embarqués sur le *Poitou* le 10 avril dernier. Parmi les trois cent soixante-neuf passagers, la plupart ignoraient le gracieux parler du *Cagnard;* bien peu de dames et de messieurs connaissaient les beautés de notre langue forcalquérienne. Alors, me direz-vous, quel rôle pouvaient jouer les Provençaux dans un pareil milieu? Une hirondelle ne fait pas le printemps, un grillon ne fait pas l'été.

Eh bien, Monsieur, pardonnez-moi, vous êtes dans l'erreur. Un grillon, cette année, a fait l'été; il a fait chanter tous les rossignols et toutes les fauvettes qui s'étaient

d'abriéu, pousa su lou *Poitou;* e, ço que li a de pu drole, les a fa canta en prouvençau.

Aquéu grihet, Moussu, aquéu paure pichot grihet, lou couneissès, a coumença de canta dins les champ de Fourcouquié ; avès ousi quàuquei fei ses cansouneto dins l'Atenèu ; aquéu grihet, ei vouoste ancian segoundàri, l'abat Gustoun que vous escriéu.

Adounc se trovo qu'èrou de partènço par Jerusalèn quand l'idèio me vengué d'adouba un cantico prouvençau à l'ounou dou Pelerinàgi.

Devéihou subran ma muso, e, tout d'un cop, la fouont raio. Vaqui un, dous, trei, siei, vueu coublet qu'espelisson. Màndou lou cantico ou counséu de revisien, ou mèstre de Gagnaud que me n'en fai coumplimen. Escòundou dins ma pòchi moun escri emprima, e pàrtou par Marseiho. Arribou su lou bastimen ou mitan des pelerin. Aqui li avié de comte, de coumtesso, dous Eivesque, e uno bando de Parisian que parlavon, coumo à l'Acadèmi, un francès fignoula, à fa pòu ei gavouot.

En vian de gènt d'aquéu calibre, coumprenèi, Moussu de Barlu, que badàvou pa ; èrou mut, tout crentous, e sounjàvou pa de sourti moun cantico de la pòchi.

N'aviéu deja quàsi fa lou sacrifici, quand rescouòntrou dous capelan que parlavon coumo nàutrei. « Veici d'ajudo, me diguérou. » E, de fèt, aquélei douei Messiès èro dous Avignounen de la bouono raço, dous ami de la Prouvènço que se dihien entre élei ço que me pensàvou : « Oh ! que chanço, se troubahian un cambarado que parlesse coumo nautres. »

Em'aquélei dous coulègo, pensès, aguerian lèu fa couneissènço. Ma crento s'eivalissé... pousquérou plu

posés sur le *Poitou* au mois d'avril ; et, ce qu'il y a de plus singulier, le concert a été provençal.

Ce grillon, Monsieur, ce pauvre petit grillon, vous le connaissez ; il a commencé ses cri-cri dans les champs de Forcalquier; quelquefois, à l'Athénée, vous avez prêté l'oreille à sa voix ; ce grillon est votre ancien vicaire, l'abbé Auguste qui vous écrit.

J'allais partir pour Jérusalem, quand l'idée me vint de composer un cantique provençal en l'honneur du pélerinage.

Aussitôt j'éveille ma muse, et, tout à coup, la fontaine coule; voilà un, deux, trois, six, huit couplets qui jaillissent. J'envoie le cantique au conseil de révision, au maître de Gagnaud qui me complimente. Je cache dans ma poche mon écrit imprimé, et je pars pour Marseille. J'arrive sur le bateau au milieu des pélerins. Il y avait là des comtes, des comtesses, deux évêques et une foule de Parisiens qui parlaient, comme à l'Académie, un pur français, un français à effrayer les gavots.

En voyant cette société d'élite, vous comprenez, Monsieur de Berluc, que je demeurai bouche close ; j'étais muet, tout timide, et je me gardais bien d'exhiber mon cantique.

J'en avais même, déjà, fait le sacrifice, quand je rencontre deux prêtres qui parlaient comme nous. « Voici des aides, me dis-je. » En effet, ces deux Messieurs étaient deux Avignonnais de bonne race, deux amis de la Provence, qui pensaient comme moi, et se disaient entre eux : « Oh ! quelle chance si nous trouvions un collègue parlant comme nous ! »

Avec ces deux confrères, vous n'en doutez pas, la connaissance fut bientôt faite. Ma timidité disparut ; il me fut

teni lou cantico escoundu dins la pòchi, lou sourtérou, e toutes trei se meten à lou canta. Lei vesin nous entèndon, e vaqui de gènt de Vaucluso, un joueine ome de Barcilouneto, uno damo d'Ouresoun, de pelerin de Mountpelié, un curat de pròchi Carcassouno, que se vènon jougne ou triò.des cantaire Toutes ensèn, plen d'ardour, reprenen lou refrin.

L'avian pa'ncaro acaba que l'Eivesque de Lussembourg s'aprocho peréu, demando uno coupìo dou cantico, e me prego de li esplica les paraulo.

Dou tèms que li fau l'esplicacien, lo vei que Mounsegnour se regalo d'ousi la lengo de *Mirèio;* aquéu parla li fai coutigo, ses oureio n'en soun charma, e soun couor se li aganto.

De veire lou moussu à la raubo viéuleto, se lipènt lei brego en aquéu festin prouvençau, les autres pelerin s'estounon e vouoron, à soun tour, gousta dou plat... Parisian farot, dameto francihoto, comte, coumtesso, tout l'escabouot demando lou cantico.

Lou tout eimable direitour dou Pelerinàgi, lou P. Bailly, me fai signe de mounta su l'estrado ounte, cade jou, la joueinesso nouei dounavo de representacien agradiéuvo.

Mouòntou su l'estrado, saménou de cantico dins l'ouditòri ; encaro un cop esplìcou les paroulo ; càntou uno fes, tout souret, su l'èr de « Prouvençau e Catouli », lou refrin et lou coublet, e tóutei respouondon em'estrambord :

REFRIN : Pelerin, o que bèu jour
Par canta (bis) lou Dieu d'amour !
Eici, sian dins lou sejour
Tout clafi de sei grandour.

impossible de tenir plus longtemps, caché dans ma poche, mon cantique ; je le sors et nous le chantons tous les trois. Les voisins nous entendent, et voilà des personnes de Vaucluse, un jeune homme de Barcelonnette, une dame d'Oraison, des pélerins de Montpellier, un curé des environs de Carcassonne, qui viennent se joindre au trio.

Tous ensemble, pleins d'ardeur, nous reprenons le refrain.

Nous n'étions pas à la fin, que l'évêque de Luxembourg s'approche, demande une copie du cantique, et me prie de lui en expliquer les paroles.

Durant la traduction des strophes, on voit que Monseigneur se plaît à entendre la langue de *Mireille;* ce parler chatouille agréablement ses oreilles et séduit son noble cœur.

Les autres pélerins, étonnés de voir le personnage à la robe violette savourer le festin provençal, veulent à leur tour goûter à la friandise;... Parisiens élégants, dames du nord, comtes et comtesses, l'assemblée entière demande le cantique.

Le tout aimable directeur du pélerinage, le R. P. Bailly, me fait signe de monter sur l'estrade où, chaque jour, les jeunes gens nous donnaient des représentations attrayantes.

Je monte sur l'estrade, je sème le cantique dans l'auditoire, encore une fois j'en explique les paroles, je chante tout seul le refrain et le premier couplet, sur l'air de *Provençaux et Catholiques*, et tous les passagers de répondre avec enthousiasme :

Refrain. — Quel beau jour, ô pélerins, — pour chanter le Dieu d'amour ! — Nous voici dans le séjour — où ses grandeurs débordent.

*

Par te veire, Terro santo,
De Prouvènço sian vengu
Emé nouosto ardour brulanto,
Emé lou couor esmougu.

De te veire, Parestin o,
Oh ! qu'ei grand nouoste bouonur !
Siei l'encountrado divino,
La patrio dou Souvur.

O montagno de Judèio,
Vous qu'avéi vist lou Segnour
Samena tant de mervèio,
Vous pourgen tout nouoste amour.

Que siei bello dins l'istòri
O terro de Betelen,
As un noum tout plen de glòri,
Pelerin, te saluden.

Te saluden, o Calvàri,
Tu qu'as vist raia lou sang
E la sourso salutàri
Que nouei fe toutes crestian.

Escouto nouosto preguiero,
O Jèsus de Betelen !
Par la Glèio tout entiero
Sian eici que te preguen.

Toun Vicàri, nouoste paire,
A Roumo es parsecuta ;
En presoun l'an mes, pecaire !
Jèsus, n'en ouras pieta.

Par la Franço, la Prouvènço,
Grand Dièu, te preguen perdu ;
Sus elo, de ta clemènço
Estènde lou douei mantèu.

Es pa lou tout. Ai pa'nca feni moun istòri. Ou mens me rendrés aquelo justìci que, jusqu'aro, me siéu pa destourba de moun plan. Vous ai rèn di des countra flourié qu'aven trevessa su nouosto routo ;

Terre Sainte, pour te voir, — nous sommes venus de Provence, — avec notre brûlante ardeur, — avec nos cœurs émus.

Oh ! que notre bonheur est grand — de te voir, ô Palestine ! — Tu es la divine contrée, — la patrie du Sauveur.

O montagnes du Judée, — vous qui avez vu le Seigneur, — semer tant de merveilles, — nous vous offrons tout notre amour.

Combien dans l'histoire tu es belle, — ô terre de Bethléem ! — Tu as un nom rempli de gloire. — Pélerins, nous te saluons.

Nous te saluons, ô Calvaire ! — toi qui as vu couler le sang — et la salutaire source — qui nous fit tous chrétiens.

Ecoute notre supplication, — ô Jésus de Bethléem ! — Pour l'Eglise tout entière, nous te prions ici.

Ton vicaire, notre père à tous, — est persécuté à Rome ; — on l'a mis, hélas ! en prison. — Jésus, tu en auras pitié !

Pour la France et notre Provence si chères, — grand Dieu, nous te prions aussi ; — Etends sur elles — le doux manteau de ta clémence.

Ce n'est pas tout. Mon histoire n'est pas achevée. Au moins me rendrez-vous le témoignage que, jusqu'à présent, je ne me suis pas détourné de mon plan. Je n'ai pas dit un mot des contrées fleuries échelonnées sur notre

aven passa davans Touloun, les isclo d'Iero, la Corso, l'Itàlio, sènso se li arresta.

Pamens, ni par èstre pa savènt, sèmblo que dins moun pitre li avié proun d'amour de la bello naturo par que me paguéssou lou plesi d'amira e de pinta de tant riche tablèu; fariéu uno grosso messorgo se vouei manteniéu que siéu resta fre coumo lou maubre de Mourin, quouro lou *Poitou* frisavo lei ciéuta asseta su lei bord de la Miéterrano, les ilo Lipàri, lou fièr voulcan de Stroumbouli, la Calabro que vardiavo e l'Etna que tubavo... Oh! nàni, Moussu, se ai pa legi de groi libre dins ma vido, lou grand libre de la naturo m'a sèmpre parla despièi ma pichoutié, e pourriéu pa vouei dire lou noumbre d'ouro qu'ai passa su lou pouont dou *Poitou* en meditènt sur la grandou de Diéu e la bèuta de ses obro. Tout me parlavo, la terro verdo e lou cèu blu; la coulour azurenco de la mar me rapelavo la pourié pensa de nouoste grand Roumaniho: « *Quand lou bouon Diéu pinté lou firmamen, par lava soun pincèu, lou trempé dins les aigo de la Miéterrano!* »

Mai, leissen tout acò, diguen plu rèn dei marveio de la naturo. Es peréu counvengu que s'arrestaren pa en Egito, à l'endré ounte s'èro estrema la Santo Famiho de Nazareth; restaren mut en trevessènt lei gràndei ciéuta d'Alessandrìo, dou Caire, lei bord fertile dou Nil, les arrouganto Piramido. Nàni, lèu, léu, quiten l'Africo, fau camina devèi la Parestino.

Ei lou vinto-trei d'abriéu que sian arriba en Terro Santo.

Eici mai, eici subretout, ouriéu l'envejo de me planta, par vous counta l'emoucien prefoundo qu'a boulega moun couor, quouro ai pouscu poutouneja

route ; pas de halte devant Toulon, les îles d'Hyères, la Corse et l'Italie.

Cependant, il me semble que, sans être savant, j'avais dans l'âme assez d'amour de la belle nature pour qu'il me fût permis d'admirer et de peindre de si riches paysages ; je mentirais si je soutenais que mon cœur est resté froid, comme le marbre de Maurin, quand le *Poitou* côtoyait les villes assises sur les bords de la Méditerranée, les îles Lipari, le fier volcan de Stromboli, la Calabre verdoyante et l'Etna fumant... Oh ! non, monsieur, si dans ma vie je n'ai pas lu de gros volumes, le grand livre de la nature n'a cessé de me parler dès ma plus tendre enfance ; et je serais incapable d'évaluer le nombre d'heures écoulées sur le pont du *Poitou*, méditant sur la grandeur de Dieu et la beauté de ses œuvres. Tout me parlait, la terre verte et le ciel bleu ; la couleur azurée de la mer me rappelait la jolie pensée de notre grand Roumanille : *Quand le bon Dieu peignit le firmament, pour laver son pinceau, il le trempa dans les eaux de la Méditerranée.*

Mais laissons tout cela ; taisons-nous sur les beautés de la nature. Il est également convenu que nous ne séjournerons pas en Égypte, où se réfugia jadis la Sainte Famille de Nazareth. Nous serons muets en traversant les grandes cités d'Alexandrie, du Caire, les bords fertiles du Nil, les arrogantes Pyramides. Non, vite, vite, quittons l'Afrique et gagnons la Palestine.

C'est le 23 avril que nous débarquâmes en Terre Sainte.

Ici encore, ici surtout, j'aurais la tentation de m'arrêter pour vous parler de l'émotion profonde qui remua mon cœur quand je pus baiser, pour la première fois, cette

par la prumièro fes aquelo terro de benedicien. Vouriéu, emé vouei, faire uno pouseto partout, su la couolo embouma dou Carmèl, vesino de la mar, dins la caro viloto de Nazareth, su la mountagno celèbro dou Tabor, ou vilajoun de Cana, etc.....

Pa poussible malurousomen de tout escriéure, de viéuja la mar dins un veire e tout lou vin de Narbouno dins uno barrico. E pièi, diguen tout, me languìssou de vouei retraire lei souveni prouvençau qu'anen cuhi dins la grand ciéuta de Jerusalèn.

Ei lou douei de mai qu'intrerian din la Vilo Santo. En arribènt, salùdou Nouosto Damo de Franço, la futuro e graciéuso oustesso des pelerin françés, e sègou les counfraire louja encò dei Franciscan, ou grand oustau que li dien *Casa Nova.*

O que bèu tèms, moussu de Barlu, aven passa 'qui! Coumo trecouleron lèu lei dès-e-sèt jou que li sian resta!... D'abitudo, erian matinié. Se levahian à la primo aubo. Un jou, partian par ana dire la Santo Messo su lou Calvàri; un autre jou, anahian faire nouòstei devoucien dins la groto bèn counservado de Gethsemani; lendeman, passahian nouosto matina su lou camin de la Crous. Un autre cop, fahian vesito à la glèio de Santo Ano, bastié à la plaço de l'oustau ounte ei nascueu Nouosto-Damo de Prouvènço., etc.

Pièi, à miejou, rintrahian à *Casa Nova* e s'entourahian coumo de fraire. Erian aperaqui uno centeno de counvivo. Me souvènou qu'à la fin dei repai, l'Eivesque Koppès que presidavo se viravo devèi vouoste sarvitou : « *Allons, Père Bongarçon,* me dihié, *encore une fois:* Pelerin, o que bèu jour! »

Me dreissàvou, me veniéu metre ou mitan de la lóngo tauro, les pelerin sourtien sa fuiheto, e vague

terre de bénédiction ; avec vous, je voudrais stationner partout : sur la montagne embaumée du Carmel, voisine de la mer, dans la chère petite ville de Nazareth, sur les hauteurs célèbres du Thabor, au village de Cana, etc., etc.

Mais impossible, hélas ! de tout écrire, de vider l'Océan dans un verre, et de verser dans un tonneau tout le vin du Narbonnais. Et puis, disons tout, il me tarde de vous parler des souvenirs provençaux que nous allons recueillir dans la cité fameuse de Jérusalem.

C'est le 2 mai que nous fîmes notre entrée dans la ville sainte. En arrivant, je salue Notre-Dame de France, la future et gracieuse hôtesse des pèlerins français, et je suis mes confrères logés chez les Franciscains, dans la vaste hôtellerie de *Casa-Nova*.

Oh ! quel beau temps, Monsieur de Berluc, nous avons passé là ! Comme ils s'écoulèrent rapidement les dix-sept jours que nous y restâmes !... Ordinairement, nous sautions du lit à la pointe du jour. Un matin nous allions célébrer la sainte messe sur le Calvaire ; un autre matin, nous faisions nos dévotions dans la grotte bien conservée de Gethsemani ; le lendemain nous parcourions le chemin de la croix ; un autre jour, nous visitions l'église de Sainte-Anne, bâtie sur l'emplacement occupé autrefois par la maison où naquit Notre-Dame de Provence..., etc., etc.

Puis, à midi, nous rentrions à *Casa-Nova* et nous nous mettions fraternellement à table. Nous étions environ une centaine de convives. Je me souviens qu'à la fin des repas, Mgr Koppès, qui présidait, se tournait vers votre serviteur : « Allons, Père Bongarçon, me disait-il, encore une fois : *Pélerins, oh ! quel beau jour !* »

Je me dressais, je venais me placer au milieu de la longue table, les pèlerins reprenaient leur papier, et, en

de canta, plen d'ardou, nouoste cantico prouvençau.

Afin de varia, cantahian peréu uno cansouneto su l'èr de *Magali*. Les coublet èron bèn simple, mai coumo gisclavon dou couor et qu'èron de circounstanço, les pelerin cridavon : *Bis*.

Ei bessai lou proumié cop que *Magali* recebié tant d'ounour à Jerusalèn!

Es pa feni. Oubliden pa Betelèn e sa bello messo de miejo-nueu.

Sabès que Betelèn es tout pròchi de la Vilo Santo. Dins uno ouro e miejo, d'à pèd, se li vai bèn eisa.

Adounc, un vèspre, se rescountren dès-e-vueu capelan ou couvènt franciscan qu'es à coustat de la famouso groto ounte ei na Nouoste Segne. Li a qu'un outa catouli dins aquelo groto, e toutes avian l'envejo de li canta la messo de miejo-nueu. Par escarta la jarousié, que ferian? tirerian ou sort. Les counscrit amon pa lou limerò un : eici, à Betelèn, tóutei les capelan lou souvetavon, par èstre à l'outa les prumié. Fouguérou malurous : agantérou lou limerò *sege*.

Pamens, la messo dei Nouvè èro trop tentarello, la falié pa manca; me li rendérou. N'aguérou gi de regrèt. Moun Diéu, qùntes ouro delicious aven saboura aquelo nueu! Quant de Nouvè aven canta? hou sàbou pa.

Erian alor dins la semano la darriero qu'a preceda la mouort dou bouon Roumaniho. Segur, les oureio dou pouèto de la *Chato avuglo* li ouran subla! Aven canta soun Nouvè e d'autres em 'un ardou véritablomen prouvençalo!... O la bello partié qu'avès encaro

avant ! pleins d'ardeu, nous rechantions le cantique provençal.

Pour varier, nous chantions aussi une hymne sur l'air de *Magali*. Les strophes étaient fort simples, mais comme elles jaillissaient du cœur et qu'elles étaient de circonstance, les pélerins criaient ; *bis !*

C'est peut-être la première fois que *Magali* recevait tant d'honneur à Jérusalem !

Mon récit n'est pas terminé. N'oublions pas Bethléem et sa belle messe de minuit.

Vous savez que Bethléem est tout proche de la ville sainte. Dans une heure et demie, à pied, on s'y rend aisément.

Or un soir nous nous trouvions dix-huit prêtres au couvent des Franciscains, situé près de la fameuse grotte où naquit Notre-Seigneur. Il n'y a dans cette grotte qu'un seul autel catholique, et nous désirions tous y célébrer la messe de minuit. Pour écarter la jalousie, que fîmes-nous? Nous tirâmes au sort. Les jeunes conscrits n'aiment pas le numéro *un ;* ici, à Bethléem, tous les prêtres le convoitaient; chacun voulant monter le premier à l'autel. Je ne fus pas heureux, j'amenai le numéro *seize*.

Cependant la messe des Noëls était trop attrayante, il ne fallait pas la manquer, je m'y rendis. Je n'en ai pas eu de regrets. Mon Dieu ! quelles heures délicieuses nous savourâmes, cette nuit. Combien de noëls avons-nous chantés ? Je ne saurais le dire.

C'était la semaine qui précéda la mort du bon Roumanille. Bien sûr le noël de la *Fille aveugle* dut arriver à l'oreille du poète mourant. Nous en avons tant chanté, cette nuit, avec un entrain tout provençal !... Oh ! quelle occasion vous avez manqué là, Monsieur de Berluc,

manca, Moussu de Barlu, vous qu'avès coumpousa peréu de Nouvé tant agradiéu !

Mau-grat cò, diguen-v-hou, es patout gai à Betelèn.

Dou tèms que cantahian, vehian pròchi de nàutrei lou sourdat turc que gardo, nuech e jou, lou brèi de Nouoste Segne!... qu'es triste de vèire aquéu pople musulman teni la plaço d'ounou dei sourdat francés! Urousamen soun aqui, par nouei rapresenta de longo, lei sourdat catouli, lei franciscan, lou cònsou, lei mounge e mounjo de touto meno !

Siéu su la fin de moun istòri, brave Moussu. Quand vèn la fin de l'estiéu, lou grihet se déu escoundre. Vau rintra, coumo éu, dedins moun oustalet. Adiéu dounc, moun bèu Betelèn ; adiéu *Casa Nova ;* ami de Terro Santo, se fau quita; adiéu, fraire et souorre qu'erias parti tóutei dous emé nautres par visita la Jerusalèn terrestro, et qu'avès countunia vouoste viàgi jusqu'à la Jerusalèn celèsto! adiéu, se fau dessepara par un téms ; lou *Poitou*, la Franço nous esperon ; la Prouvènço reclamo ses enfant!!...

Ei lou dès-e-nòu de Mai que reprenguerian la routo de Marseiho.

Gràci à Diéu, la segoundo trevessa nous esprouvé pa mai que la prumiero. Aven proun soufert par merita de pourta lou noum de pelerin de la Penitènci ; aven proun jouï par èstre pa regretouei d'agué fa lou grand viàgi.

Lou vinto-quatre de mai, un dimenche, aguerian su lou batèu uno douço e bello fèsto. Un pichot mòussi, un enfant de douge an, fagué sa prumiero coumunien. Ei Mounsegnou de Tùlli (Mgr Denéchau) que li douné lou bouon Diéu.

Lou vèspre, soulenno proucessien dou Sant-Sacra-

vous qui avez aussi composé des noëls si gracieux.

Néanmoins, disons-le, tout n'est pas riant à Bethléem. Pendant que nous chantions, nous voyions de près le soldat turc qui fait sentinelle, nuit et jour, devant le berceau de Notre-Seigneur. Qu'il est triste de voir ce peuple musulman occuper la place d'honneur des soldats français ! Heureusement, ils sont là pour nous représenter, les soldats catholiques, le consul, les Franciscains et bien d'autres ordres religieux.

Je touche, cher Monsieur, à la fin de ma narration. Au déclin de l'été, le grillon songe à la retraite. Je vais, comme lui, me retirer dans ma maison. Adieu donc, mon beau Bethléem ; adieu, *Casa Nova ;* amis de Terre Sainte, il faut nous quitter ; adieu, frère et sœur, qui vous étiez embarqués avec nous pour visiter Jérusalem terrestre, et qui avez poursuivi votre route jusqu'à la Jérusalem céleste, adieu ; notre séparation n'aura qu'un temps ; le *Poitou*, la France nous attendent, la Provence réclame ses enfants !...

Le dix-neuf mai, nous reprenions le chemin de Marseille.

Grâce à Dieu, la seconde traversée ne fut pas plus rude que la première. Nous avons souffert assez pour avoir droit au titre de *Pélerins de la pénitence ;* nous avons goûté assez de jouissances pour n'avoir pas à nous repentir d'avoir participé à ce pélerinage.

Le vingt-quatre mai, on célébra à bord une douce et belle fête. Un petit mousse, un enfant de douze ans, fit sa première communion. C'est Monseigneur de Tulle (Mgr Denéchau) qui lui donna le Bon Dieu.

Le soir, procession solennelle du Saint-Sacrement ; le

men; lou coumandant dou bastimen, lou capitàni e dous àutrei moussu pourtavon lou pàli; la mar èro tranquilo, lou souréu lusié, lou canoun resounavo...

Pelerin, o que bèu jour
Par canta lou Diéu d'amour!...

De matelot que navigavon pas luen de nautres, en entendènt la vouai dou canoun, s'eimagineron que nouoste batèu èro en destresso, e s'avanceron par nous pourta secouei... Se troumpavon, lei bràvei gènt, erian pa de plagne, cantahian lou *Te Deum!*

Lou meme vèspre, aprèi lou soupa, nouvello suspresso! la campaneto counvoco les passagié ou mitan dou pouont, davans l'estrado dei representacien. Aqui, l'o vei asseta entre lei dous Eivesque lou pichot mòussi qu'avié fa sa prumièro coumunien, lou matin. Pièi vènon dous pouèto, un dou Nord, l'autre de la Prouvènço, pouorge à l'enfant les coumpliment, les counséu, lei vot les pu courau.

Veicito la pouesìo semoundueu ou joueine Mòussi :

Moun car ami,

Lou Segnou, éstou matin, a vesita toun amo; — toun couor ei devengu soun vivènt cebòri. — Ei la prumièro vòuto que sa flamo divino — ientro touto entiero dins tu, moun enfant car.

Em 'un sant respèt soubro lou record — d'aquéu jou ounte Diéu t'a testimounia soun amistanço; — es un jou de gau emai de glòri : — eiçavau i a gis, enfant, de jou pu bèu.

Segur, par coumoura les envejo de ta tendresso, — ouriei souveta toutes tes amis à toun entour. — Pechaire, i èron pa... Diéu vouò que la peno — de longo seguisse nouôstei moumen les pu jouious.

commandant du navire, le capitaine et deux autres officiers portaient le dais ; la mer était calme, le soleil brillait, le canon résonnait...

Pélerins, oh ! quel beau jour,
Pour fêter le Dieu d'amour !...

Des matelots qui naviguaient non loin de nous, entendant la voix du canon, crurent notre bateau en détresse, ils s'avancèrent pour nous porter secours... Ils avaient fait erreur, les braves gens : nous n'étions pas à plaindre, nous chantions le *Te Deum !*

Le même soir, après le repas, nouvelle surprise ! La clochette convoque les passagers au milieu du pont, devant l'estrade des représentations. On voit là, assis entre les deux évêques, le petit mousse qui, le matin, avait fait sa première communion. Alors viennent deux poètes, l'un du Nord, l'autre de la Provence, présenter à l'enfant les félicitations, les conseils, les vœux les plus cordiaux.

Voici la poésie adressée au jeune mousse :

Mon cher ami,

Ce matin, le Seigneur a visité ton âme,
Ton cœur est devenu son ciboire vivant ;
C'est la première fois que sa divine flamme
Pénètre tout entière en toi, mon cher enfant.

Avec un saint respect conserve la mémoire
De ce jour où ton Dieu t'a prouvé son amour ;
C'est un jour de bonheur et c'est un jour de gloire :
Il n'est point ici-bas, enfant, de plus beau jour.

Sans doute, pour combler les vœux de ta tendresse,
Ton cœur eût souhaité tous tes amis présents,
Mais ils n'étaient pas là... Dieu veut que la tristesse
Accompagne toujours nos plus joyeux instants.

Pamens, siegues countènt : la douço Prouvidènci — vouò rèndre lou viéuje de toun couor mens amar; — vouò qu'en aquéu jou tant bèu de ta pichoutié, — d'autres amis siegon aqui, par veire toun bouonur.

Gardo inescafa l'emprento dou passàgi de Diéu. — Penso à l'avesque sant que t'a beila l'oustio, — es pelegrin numerous que rientron d'en Terro Santo, — en toutes aqueles que, de matin, an prega par tu.

O, sèmpre souvènte-n-en de la bello courouno — qu'èro entour de tu pròchi du banquet celestin. — Se Diéu, encuei, de tant d'amour t'envòuto, — couràgi! deman veilhara su ta barco!

Coumo vias, tourna-mai la Prouvènço avié figura ou Festenau.

Souveten, moussu de Barlù, qu'un autre an, de pelerin dou Miejour, pu noumbrouei, vagon canta, toutes trefouli, à l'entou dou Sant Sepulcre, lei richesso de nouosto lengo e lou trioumfle de nouoste Diéu!!

Saluts amistous.

M. A. Bongarçon,
Missiounàri de Nouosto-Damo dou Su.

Pourtant réjouis-toi ; la douce Providence
Veut rendre moins amer le vide de ton cœur ;
Elle veut qu'en ce jour si beau de ton enfance
D'autres amis soient là, témoins de ton bonheur.

Du passage de Dieu garde la forte empreinte,
Pense au Pontife saint qui t'a communié,
Aux pèlerins nombreux rentrant de Terre Sainte,
A tous ceux qui pour toi, ce matin ont prié.

Oui, souviens-toi toujours de la belle couronne
Formée autour de toi près du banquet divin.
Si Dieu de tant d'amour aujourd'hui t'environne,
Courage ! Sur ta barque il veillera demain !

Vous le voyez, de nouveau la Provence avait pris part à la solennité.

Souhaitons, monsieur de Berluc, que des pélerins du midi, réunis en plus grand nombre autour du Saint-Sépulcre, puissent, une autre année, tressaillant d'allégresse, exalter à la fois les richesses de notre belle langue et le triomphe de notre Dieu.

Saluts affectueux.

M. A. BONGARÇON,
Missionnaire de Notre-Dame du Suc.

Brissac (Hérault).

BIBLIOTHÈQUE NATIONALE IMPRIMÉS

ÉMILE COLIN — IMPRIMERIE DE LAGNY

www.ingramcontent.com/pod product-compliance
Lightning Source LLC
LaVergne TN
LVHW010305230826
846091LV00007BB/2721

* 9 7 8 2 0 1 3 2 5 6 5 5 1 *